AF514313

Wernfried Hübschmann

Dunkle Flecken
auf blauem Grund

FSC
www.fsc.org
MIX
Papier aus verantwortungsvollen Quellen
Paper from responsible sources
FSC® C105338

Wernfried Hübschmann

Dunkle Flecken auf blauem Grund

Gedichte

mit Radierungen von
Baptiste Verdoliva
herausgegeben
von Christian Fritsche

edition promenade

Ich beherrsche meine Sprache nicht.
Wir bewohnen das nämliche Haus.
Jeder hat einen Schlüssel
und kommt und geht.

Vorwort

Der zweite Band von Wernfried Hübschmanns Gedichttrilogie trägt den Titel *Dunkle Flecken auf blauem Grund.* Waren es im Band *Nachrichten aus dem Inneren der Stimme* die Ohren, so rücken hier die Augen in den Fokus, als Welterschließungsorgan, als Sinn- und Sinnesorgan. Getrost darf man den Himmel selbst als die Folie und Projektionsfläche verstehen und die Wolkengebilde als Flecken, die ihrerseits die Erde und das Irdische spiegeln und reflektieren. Nach dem grünen Klang der Stimme nun also das Blau des Firmaments.

Die Auswahl der Gedichte greift einerseits auf unveröffentlichte Manuskripte der letzten zwanzig Jahre zurück, anderseits liegt der Schwerpunkt auf den Arbeiten der Jahre 2012 bis 2014. Eine Abrundung wird die lyrische Trilogie dann im Herbst 2015 erfahren.

Formal ist die Bandbreite erneut sehr groß. Die Sonettform spielt wieder eine Rolle, doch daneben leuchten andere, erzählende Formen auf. In den Worten von Wernfried Hübschmann »muss Dichtung so vielfältig sein wie die Phänomene, an denen sie sich entzündet, als Bild, als Klang oder als Aspekt eines Gedankens: Gedichte sind die Transformation des Alltäglichen und unsere Rettung im Alltag«.

Hübschmanns Augen-Blicke zeigen auch eine große Nähe zu Werken der bildenden Kunst. Diese Verwandtschaft wird im vorliegenden Band weitergeführt und verstärkt durch die abstrakten Radierungen des französischen Künstlers Baptiste Verdoliva. Seine Spiegel sind die hoch polierten Metallplatten, auf denen er weniger die grafische Abbildung der Welt, sondern das Nicht-Gezeichnete in den Vordergrund stellt. »Jenseits von Schwärze und Dunkelheit lassen sich Licht und Hoffnung erahnen«.

Dunkle Flecken auf blauem Grund erscheint in der edition promenade auch als Hörbuch, gesprochen vom Autor.

Christian Fritsche, im Oktober 2014

Flussdiagramme

Mitten im Leben ein anderes.
Anderes Wohnen. Anderes Wandern.
Als passte der Fuß jetzt zum Schuh.
Leuchtendes Wetter, Springzeit-Brunnen.
Fontänen, rauschbereit, weiß.

Der Sprühnebel lichtet sich. Mich.
Er fällt nach eignen Gesetzen.
Kantilenen aus grünen Schiffen.
Gekrümmter Blick zurück, ein Bogen-
Gedanke. Seine Bekehrung zur Leere.

Unvorhersingbar wie das kommende Jahr, und
dessen Inkubation unterm Acker und reifliche Stille,
am Feiertage geh ich hinaus aufs Land, eine Herbst-
Begegnung, die Echos werden im Oktober schwächer,
aber der Wein glüht und die Blumen brennen, und

das Taubenblau des Himmels, seine Wolkenmembran,
Ahornblätter zeigen ihre Einverständnis-Struktur,
das *Placet* der Blätter zu ihrer Bewegung zum Laub.
Welche Geschichte bleibt? Welche wird überschrieben?
Ein Palimpsest, ein Fest. Kürbisse rollen ins Fenster.

1/10

Gegendämmerung, wenn das Licht jetzt im Moor versinkt, kleine Blasen steigen auf am Horizont, von unten beleuchtet, doch es ist nur das Meer, immer nachtschwarz ohne Brechung und an Küsten, wo die Erdkrümmung sichtbar ist, die Illusion einer Schale, die Ahnung einer Kugel, aber der Rest ist dieses verwaschene Bild im Kopf, nicht das, was die Anschauung dir vor die Augen spült, das ist immer schwarz; wenn du lang genug starrst, dann erkennst du, dass an einem fernen Ufer, Jetzt, die andere Dämmerung, dort, sich Bahn bricht und ein Hahn kräht und die Rehe sich wieder verstecken und Vögel singen von Zeiten, da noch alles mit allem ein wildes Gemüt und Kreidefelsen atmen dich ein und aus und lächeln und glühen.

Die Sorge geht über den Fluss

Man geht zu Grunde, indem man versinkt.
Hans Blumenberg, Grundverschiedenheiten

Die Sorge, die über den Fluss geht, ist fast
keine Sorge mehr, sie wäscht sich im Wasser,
sie schaut nicht zurück, sie sucht mit den Augen
das andere Ufer – dieses Atmen am Abgrund!

Ein Blaulicht-Himmel ... dann Fächerwolken.
Die Sorge geht unter im Fluss, sie schwimmt
sich frei, die ertrunkene Sorge, sie schält sich heraus
aus dem Sein, sie ist unverletzt, doch verändert.

Der Fluss zieht weiter, die verwandelte Sorge
klettert ans Ufer, sie klammert sich an die Zweige
der Weiden, die Wellen kräuseln sich, Wind
flüstert etwas von Wissen und Wunder und Zeit.

Die Sorge, die keine Sorge mehr ist, hat Boden
unter den Sohlen, sie ist gewandelt, sie wandert,
sie atmet am Abgrund, sie müht sich zu singen,
sie lächelt, sie dankt dem bezwungenen Fluss.

1/10 VERDOLIVA

Flussdiagramme

Stellwerke knirschen unter den Schuhen,
(was wird aus den ausgetretenen Pfaden?) –
die Umlaufbahn führt uns auf Promenaden,
eine Stimme im Unterholz lässt uns nicht ruhen.

Im Korridor schlummern Begegnungsmelder,
verbunden mit einer Scheibe zum Wählen,
sie knistert sanft und man kann sich verzählen –
es zittern die morphogenetischen Felder.

Und langsam erwachen die Kippfiguren
und wandern durch Länder auf blauen Schraffuren.
Das ist das Ende der Ichokratie!

Wir proben Sonaten von einem Kinde,
wir malen und schreiben auf Birkenrinde.
So formt und verwandelt uns Poesie.

pour Christian & Georges

Sonett im Februar

Der Himmel ist ein graues Tuch voll Uhren,
Betongrau, Schmerzgrau, Flussgrau, Federgrau,
wie eine Sammlung fremder Armaturen,
ganz rätselhaft und schimmernd ... Atemstau

als Resultat des starren Blicks nach oben;
der Tag steht auf dem Kopf und taumelt leicht,
die Wolken sind der Netzhaut eingewoben,
so wird die trunkene Flut im Flug erreicht.

Die Zeit ist wie zum Trocknen aufgehängt,
bewegt den Mund, bewegt die Lippen nicht,
dir wird das Sprechen schweigend aufgedrängt
auf dieser kalten Landebahn aus Licht.

Du rettest dich vor Menschen und Maschinen.
Und hinter dir das Rauschen der Lawinen.

1/5 VERDOLIVA

Sonett des Tauchers

Wer einmal abtaucht, ist noch nicht ertrunken,
er sinkt in tiefe, stille Dunkelheit,
von stumpfen Tiefseefischen durchgewunken,
erdrückt von einem Übermaß an Zeit.

Er lernt, die eigenen Augen aufzumachen,
weil hier kein Wind die Wimpern zucken lässt,
vor Schrecken starr blickt er in schwarze Rachen,
das Wasser dunkelt nach wie Beulenpest.

Da schwingt ein Ton, ein Schrei wie von Delfinen,
ein wirr versprengtes Echo aus der Luft,
der Taucher greift nach oben, und Lawinen

grellweißer Bilder schweben aus der Gruft.
Beim Steigen rührt er sanft an Schattenfische,
mit allerletzter Kraft stürzt er die Tische.

für Björn Kuhligk

Streifzüge / Stromschnellen, all das wüste Material,
kryptisches Glück und Warten auf blaue Zettelchen,
wieder Warten und Märzstaub auf den Schuhen und
der Duft der Forsythien und dann die linden Monate,
die ohne R: Warte mal ... und Raureif über Raitbach
und Roberts Todestag, nicht untergehen beim Wandern
unterm löchrigen Himmelszelt und gelbe Zettelchen

und Warten und das fallende Jahr im September,
die ungeschriebnen Gesetze des Herbstes, Schicht
auf Schicht, Auf- und Abgesänge, erneutes Warten
und das Novemberkarussell, blaue Rosen wie eine
Meditation über den Tod, dann die Schubumkehr
vorm Fest ... auf die Bescherung warten, nicht wahr?
Dem Abend seine schlehenhellen Fahnen aufgesetzt.

1/10 VERDOLIVA

Melatonin

remember Rembrandt!

Verlust der Nacht: wegen Erleuchtung geschlossen,
also Abschied vom tiefen Schwarz, das Ursprung ist
von Klarheit und Klang, Tag- und Nacht-Gleichnis
im Gehirn, Elegie aus dem Wortinnenraum –

Schwefeldämpfe, torkelnde Schwärme von Krähen,
Lichtglocken wie gelber Nebel, und schlaflose Städte,
Mondlicht, das in seine Eingeweide zerfällt, aber
im Traum hat es Augen gehagelt ...

Zugvögel reden wirr unterm Blinken der Satelliten,
weil wir die Nacht nicht ertragen, Wolken schwimmen
ahnungslos davon, das treueste Himmelsgesinde.
Der vollkommene Spiegel ist der, den man nicht sieht.

für'n Hellhof, wo's so schön finster ist

Was immer mir vor die Füße fällt, eine Alpenmaschine, ein rücklings erkanntes Gewitter, Zaumzeug und Trense ... aber lasst mich nur auf meinem Schlafbaum gelten, wo ich wache. Rückhaltlos abgegebener Bin-Bericht, jede Stunde die Regenregister auswendig hergesagt in dieser rastlos sternenden Nacht, wenn streunende Hunde mich verfolgen, und die Streuverluste am Himmel, wenn dein Gedächtnis mir in den Schoß fällt, dann wird alles neu, dann bin ich tränengeschüttelt, gewinne ich Land, meine Zunge gewinnt Land und vorüber, vorbei sind Donner und ortloses Wohnen.

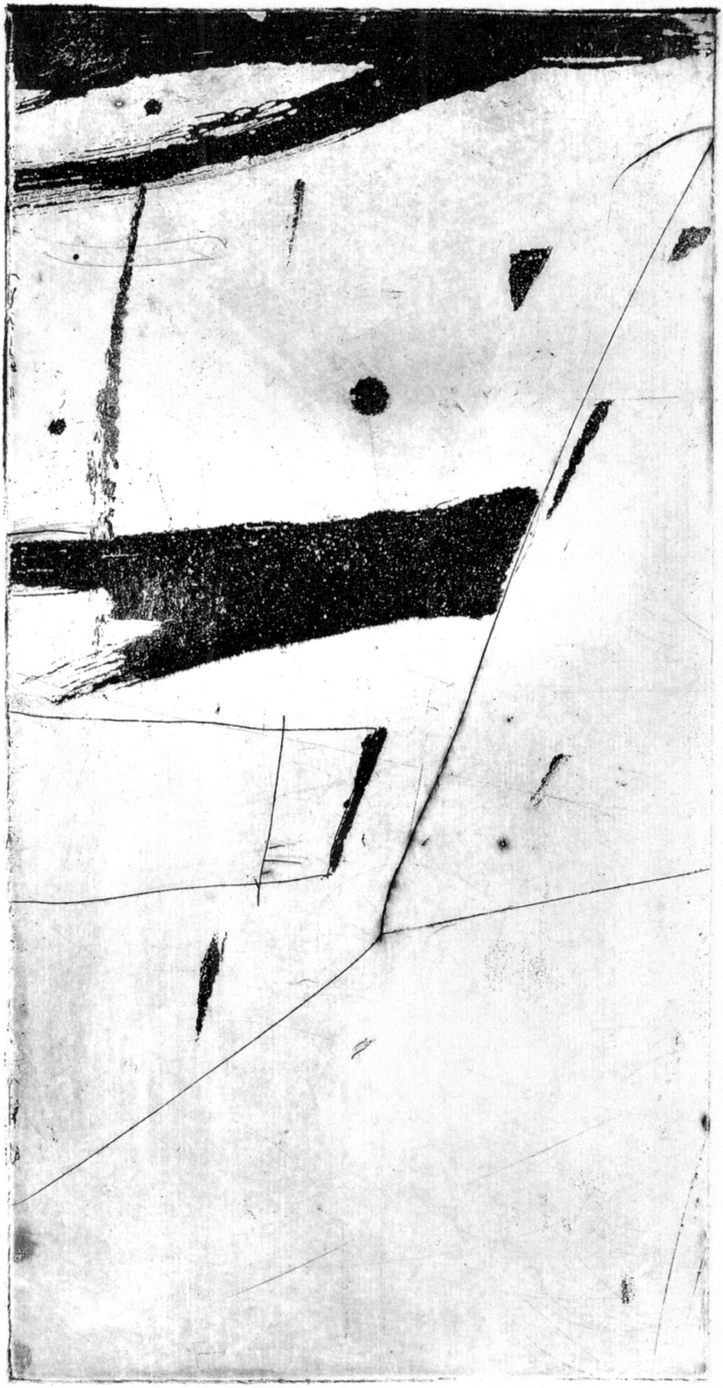

2/10 VERDOLIVA

Ich bin ein Fahrtenschreiber, eine Scheibe,
ein schmaler Stift erzeugt in meinem Hirn
die Silbenschrift, die ich gehorsam schreibe,
das Echo tobt noch hinter meiner Stirn.

Das Instrument ist einfach aufgebaut,
ein Implantat der wunderlichsten Art,
ein Arzt begleitet mich und manchmal schaut
er nach und unterbricht die Fahrt.

Doch dann wird wieder richtig Gas gegeben,
wir lachen, fahren mutig querfeldein,
so übersetzen wir ein überfernes Leben
in ein paar Wörter und bestürztes Sein.

Geh ruhig hinaus, im Dunkel den Atem zu spüren
des wartenden Kornfelds, und den Teppich aus Seegras,
der bis zur Hüfte reicht: eine raue, bewegliche Fläche,
wie Haut, die nicht zur Ruhe kommt unter Sternen.

Ein nachgelassenes Bild. Das Meer, zwischen die Küsten
Gespannt, willkommner Vorwand, Grün und Blau nicht mehr
zu unterscheiden. Und die Luft ist ein Schlag auf den Mund.
In Getreideschrift steht dort die Vorgeschichte des Lichts.

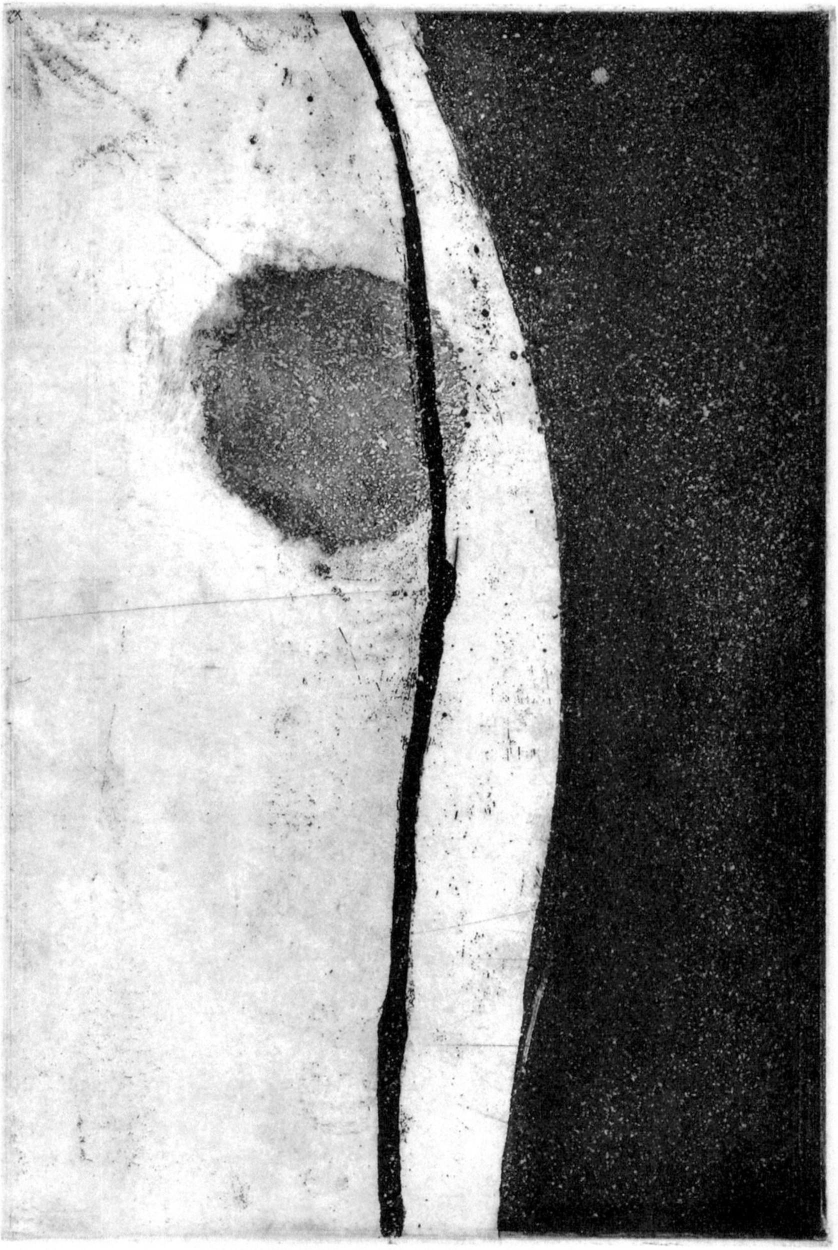

2/10 VERDOLICA

Raumgewinn

Kommt Zeit, kommt Raum.
Ludwig Hohl

räume. einfache, unstillbare räume.
stille räume. wie im innern der bäume.
offene räume, sich öffnende türen.
augenlidanfänge. hubraum

für klänge. klangraum, auch
viele raumarten, aus denen sich
raumklassen bilden lassen. raum-
folge. zimmer. paläste. balkone.

raumhäuser. anberaumte gesichter.
freizeichen. raumdeutung für anfänger.
kammern, wohnungen fürs gesinde.
bedingungsloses wohnen, eine art

hiersein. rückräume. rückraum. rück-
zugsraum. quellraum im erdinnern.
klageräume vor klagemauern.
hohlräume. höhlen und schächte.

nachtfelder. zeitferne räume.
augenblickshungrige torsen, frag-
mente. kopflose augen. schlachtfelder,
von toten körpern gesäumt.

trauerräume, wütende gräber.
spielräume, lauf- und klettergerüste.
raumhafte aussicht auf gipfel,
zielgestalten, nebelraumfahrten.

mundräume bei atem-ankunft.
öffnungsrituale. ein raumgewissen,
ein räumliches wissen. mauerverfall.
diverse rätselhafte türen. zellen.

sich krümmende räume, zeit-
räume. schock schwere not wendende
räume, krüge, genesungsgeschirr.
taube raumkommandos.

t-raumpflege in verblühten häusern.
traumhaftes. körper im gegenlicht.
lichtschranken setzen. über licht
lässt sich nicht sprechen.

unterbelichtete räume. verbeugungen
unter offenem himmel. verletzte räume.
durstige räume. gefüllte becher.
gehende räume, alte raumgestalten,

kuppeln und kühlräume, gefühle
wie beim berühren guter bücher.
katakomben und sakristeien. bruch-
buden mit klarer raumaufteilung.

wort-innenraum, außenhaut des ichs.
aufbrüche, einbrüche, durchbrüche
in unbetretene räume, in zeitfenster,
durch die gott sich die augen ausweint.

ein betraum für namen. n-
amen.

10/15

VEROLIVA

Meditation über den leeren Raum

Wolken, ihr metaphysischen Fenster,
vom Abend gerahmt, der das Land überzieht
mit Firnis und einem Wald voll Gespenster,
blaue Grundierung und Anthrazit,

stumme Luftschiffe, herrenlos, blind,
Finsternis, *finis terrae*, atmendes Nichts,
Gerüchte, die über den Ebenen sind:
Fragmente einer Sprache des Lichts,

wo Bäume hinsinken voller Verneinung,
Wolken überwachsen den Horizont,
stete Bewegung und stille Beweinung,
Popcorn für Popcorn steigt wie geklont.

Der Weltraum allein: Befreiung und Leere,
was hindert, ist nur die eigene Schwere.

In Zwischenräumen nimmt der Fahrtwind ab,
wenn wir nicht fahren, werd ich fliegen müssen,
wem das verwehrt ist, der vertraut den Füßen
und schnürt das Bündel, nimmt den Wanderstab

und schreitet aus wie vormals, durch die Felder
und lüpft den Hut vor jedem kleinen Kind,
und ist sich selbst genug, durchmisst die Wälder
und freut sich über kühlen Abendwind.

Der Windbruch letzte Nacht schlug eine Schneise,
ein Scheiterhaufen bis zum Horizont,
die Stämme schichten und bestatten, leise,
mit Blick nach Osten, wo die Zukunft wohnt.

Wenn ihr erwacht, dann seht nur, was sich zeigt:
Der Wald steht wieder aufrecht, leuchtet, schweigt.

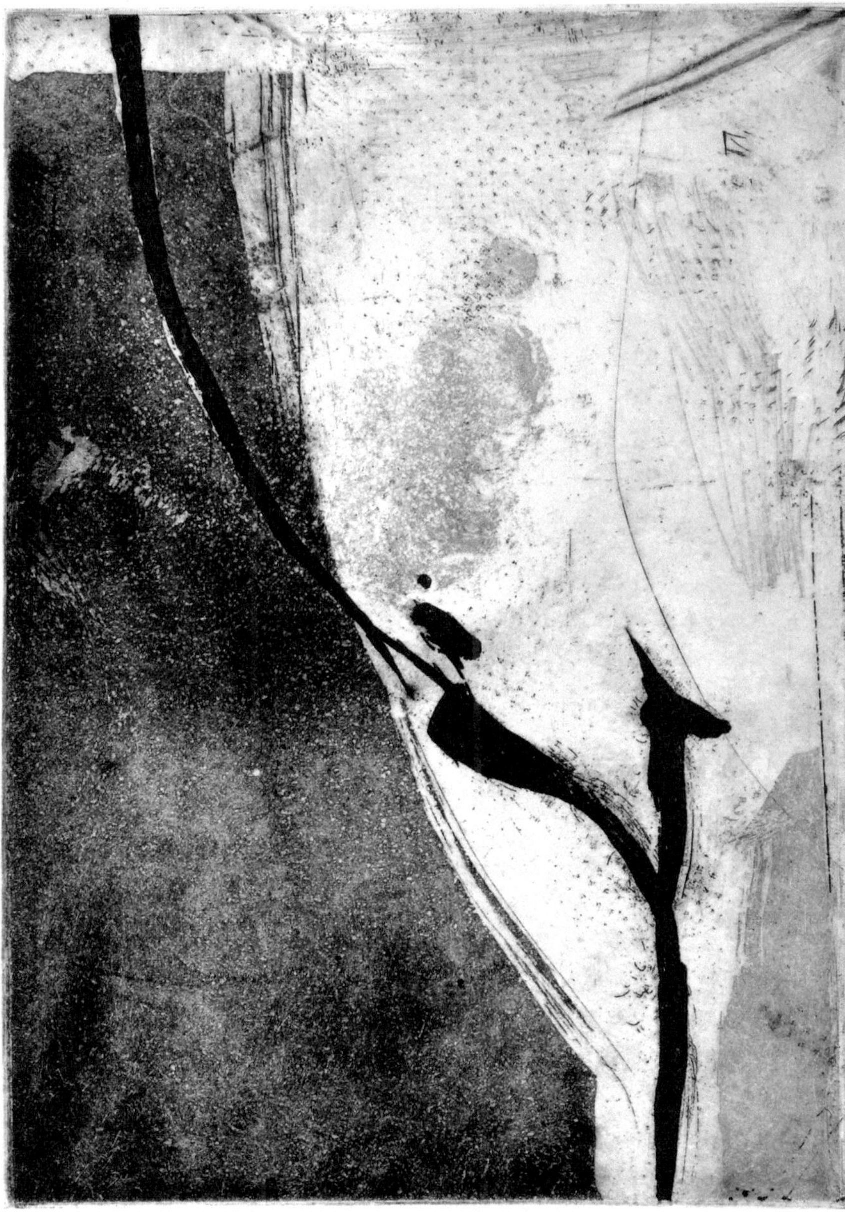

2/10 VERDOLIVA

Die Archive des Vergessens

Ich liebe die Archive des Vergessens,
wo alles ruht, was ich einmal gewusst,
geahnt, bedacht, gefühlt in meiner Brust,
das Wann und Wo sind Fragen des Ermessens.

Die Bibliothek ist unvorstellbar groß,
verwinkelt, dunkel, still und labyrinthisch,
die Flure weit, mit Säulen, meist korinthisch,
sie zu erkunden, wünschte ich ein Floß,

das es nicht gibt. Ich wälze die Folianten,
es türmen sich die Karten, Bücher, Skizzen,
ich forsche nach dem Alten, Abgebrannten
und finde nur die Asche von den Blitzen

der Geistgewitter, ruhig liegt das Meer.
Der Staub glimmt auf, die Blätter: alle leer.

Die Dinge beginnen im Wind, wenn du heut
vor die Tür trittst, kannst du die Luft Sehen:
Sterne wie Almosen und der Goldhelm des Himmels,
der Mond in seiner schwankenden Wohnung –

die Wege also rückwärts erzählt bis zur Geburt,
eine Spule, die abläuft, ein Ruck, Ich-Prismen,
kleine Blitze, aufbewahrt in Geschichten, durch-
bohrt von der Pfahlwurzel des Bewusstseins.

Wolken einatmen nachts, aufgefächertes Licht;
es wird kalt, es kommt ein Rauschen herauf,
Schicht um Schicht verdunkelt das Ohr, warum
soll der Mensch eingehn allda ins Gehäuse?

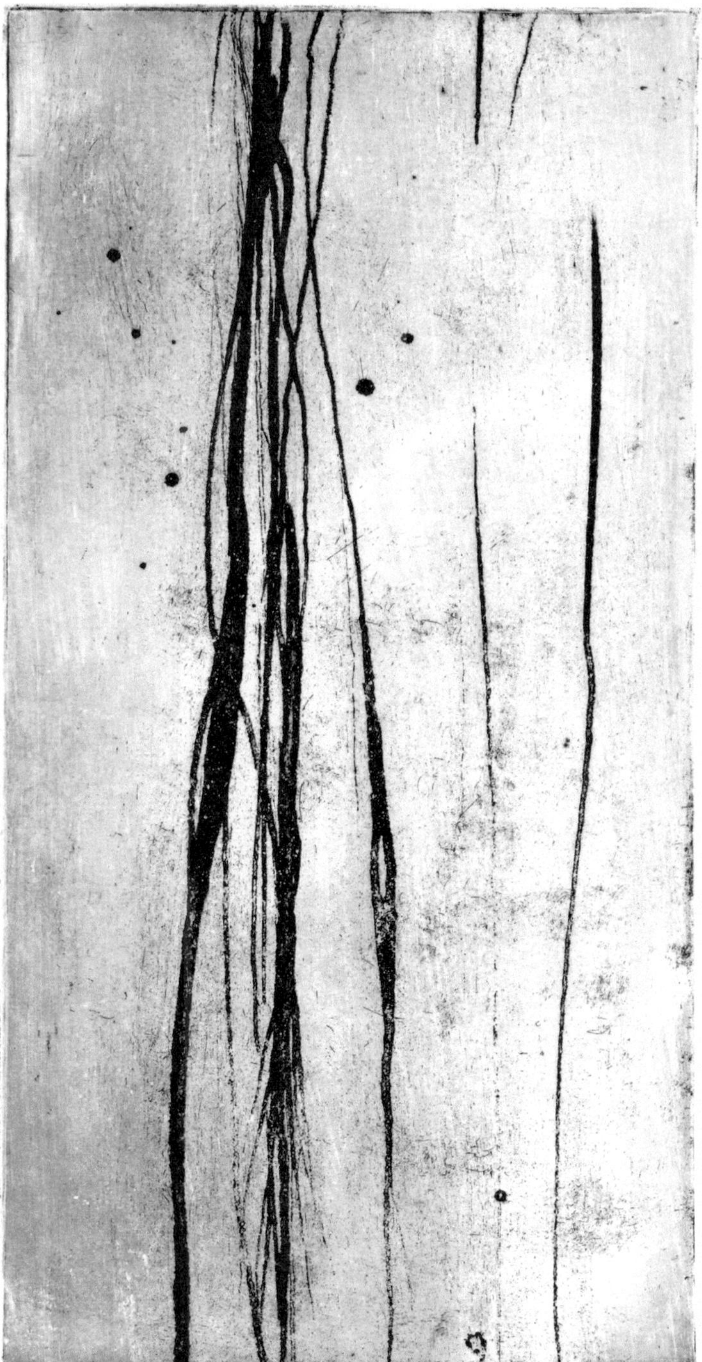

2/2

Die Rückkehr der Zeit

In wirren Netzen gebunden,
schlafend im Dort und Hier,
Zeit als Teilchen gefunden,
Ich als träumendes Tier.

Räume wachsen nach innen,
dort erwacht die Idee,
dass meine Stunden verrinnen,
sei nur Gedankenschnee,

der schmelzend wie Kristalle,
in Sonnenlicht getunkt,
leuchtet, um dann für alle
Zeiten zu fließen. Punkt.

für B. O.

Angelus novus

Ein Sturm weht vom Paradiese her …
Walter Benjamin

Glockengeläut, durch den Regen gedimmt,
und dann, eine schiefe Terz höher, das Herz
  im Puls der Dämmerung,
  trappistengrauer Himmel;
  jetzt einzuschlafen, wäre wirklich schlimm.

Eine Figur wird sichtbar, zeigt sich, doch
sie weicht zurück, sie bannt den Anfang.
Ihr fast vergessenen Krüge!
  Das Licht ist müde
  und wird eingerollt, die Winde streiten
  um die Himmelsrichtung.

Ein Engel redet, spricht.
In Gesten, fahrig, abgetrennt
  von aller Welt. Bewegt die Lippen, weißes Grauen.
  Das Antlitz strahlt und straft.
Die Abendwolken sind die Augenbrauen.

Stiller Gesang wie Flügelschlagen der Falter,
alles nach innen gekehrt, in die Wälder, aber
woher das zerrüttete Licht, der Auftakt zum
Fest der Insekten: überschwängliches Summen –

das ist die Buchstabennacht, die Dunkelheit
und ihr Gelübde, angetan wie ein Kleid, weit
geschnitten, die Robe des Horizonts, davor
Steppe und Sträucher und die metallenen Tore

der Nacht. Noch steht der honigfarbene Himmel
vor mir wie Gold der Skythen und es schwimmen
Erinnerungen wie tiefere Gewalt, im Traum
schweben Teppiche, ein murmelnder Raum,

der sich hebt, dann eine nachgedunkelte Stimme,
doch ohne Wurzeln sind wir Flugsand und Flimmern,
darum begehn wir das Alphabet wie ein Fest, eine Stele,
ins Tal geflößt, abwärts zum Meer, meine Seele.

Richtschnur im Dunst, Nebelschwaden, flüssiges Glas, aber der Tag hat verschiedene Türen, also nehmen wir nicht gleich die erste, zumal die Möglichkeit einer Insel keinem gehört. Das kann kein Wunder sein, da alles offen vor uns liegt und jede zweite Wolke ein heiliger Berg ist, jeder Fels ein versteinerter Schmerz, Jahrtausende alt.

Dreigesang von Wolken, Bergen und Wellen. Einmal kredenze ich dir Brot und Oliven und durstige Nacht, einmal kommt eine einzelne Möwe mit dem Ölzweig im Schnabel zu dir und fragt nach Deinem Namen, dann musst du aufstehn ohne zu fragen und losgehen, blind ... Am Ende sind wir gestrandet an einem Ufer aus Luft.

Cargèse, Korsika

3/10

Veronika

Tiefsee ... könnte sein, dass wir einiges aushalten müssen,
Riesenkraken, die uns beharken mit ihren Tentakeln, Saug-
Näpfe, so groß wie eiserne Pfannen, aufsteigende Luftblasen,
die oben zerplatzen wie Türen aus Glas, zuerst: keine Panik!
Solange wir noch in unserem Körper sind, besteht Hoffnung,
Muscheln, Quallen, bunte Fischchen, die leicht debil lächeln –

Ohrenmuscheln, überhaupt Muschelkalk und Korallenzacken,
es gibt keinen Grund, hier nach Gründen zu suchen, alles ist
Abgrund: *homo abyssus*, das ist der Ausgangspunkt, von hier
aufsteigende Tendenzen, Wellenkämme, ein türkiser Spiegel
und jene kleine Insel im Golf von Sagone, so groß wie der Mond,
tückische Unterstömung, offenes Meer und brennende Augen.

Ausgemustertes Blau, so verfinstert sich abends
das Antlitz, das uns umschließt,
ein von Efeu umwucherter Tisch,
matt glänzende Fenster
und ein ruhig atmender Garten, Skizzen
unzähmbarer Städte, baumkronenhoch.

Später verirren sich klopfende Wolken
in meinen Kopf,
ein Wortstrom, der mich fortreißt,
Findelreime am Ende der Skala einer
zu vollem Leuchten aufgeschnittenen Nacht.

2/10

Auguren. Aug-Uhren.
Lesen im Faltenwurf der Geschichte,
die kommt, die grade abspringt
vom Boden der Tatsachen,
vom Fakten-Tisch.

Was sagen dem Eingeweihten
die Eingeweide? Welche Sprache
sprechen fallende Sterne?
Was murmelt der Rauch?
Wer deutet die Himmelsrichtung,
Farb' und Geruch?

Das Kommende zieht Spuren
auf der Netzhaut, prophetische Pausen ...
Zukunftsarchitektur / Fragelandschaft,
den Nerven ein Scherbengericht.
Zeitdruckstellen auf dem Uhren-Auge.
Mit welchem Schlüssel
gehen die Räume auf?

Die Augen-Uhr
tickt. Tickt.

Lupinen

Lupinen

Die gelöschten Lupinen kommen zurück,
die untergegangenen Tage sind auferstanden,
aus den Kaminen steigt dünner Rauch.

Schau zurück! Du musst wissen,
wo du herkommst, sonst wirst du gejagt
von den Furien unverstandener Herkunft.

Mach dein Fischerboot fest.
Bring den Fang in die niedrige Hütte.
Füttre die Tiere, sei gut zu den Hunden.
Stell die Schuhe neben den Ofen.

Die Wiederkehr aus dem Schweigen
ist ein Schweigen anderer Ordnung.
Im Winter sind alle Blumen aus Eis.

Wirf die Trauer ins Meer.
Nimm die Hand der Geliebten.
Grüß die Lupinen!

Es kommen andere Tage.

für I. B.

Elégie aux Cévennes

Die Tage träumen, Bäume, Früchte träumen,
das Dunkel träumt, die Sterne gehn und räumen

das Himmelszelt, Holunder träumt, die runden
Kiesel träumen, der Thymian duftet aus, für Stunden

begleitet uns die gut gewürzte Luft ...
das Wasser fließt und träumt, der Esel ruft.

Im Winter sind Mimosen ganz erfroren,
jetzt schwarzes Ebenholz, im Schmerz geboren,

am *Col St. Pierre* setzt abends Regen ein,
hört wieder auf und starenhaftes Schreien

der Dohlen auf der kahlen Gipfelhand,
sie fliegen Kreise, Pirouetten, landen elegant

auf Felsen, die längst eingeschlafen sind;
verlassenes Gelände, das im Wind

verwittert, steinerne Gerippe, gelber Sand
und Staub und neuer Staub und weites Land –

unter den Eichen liegt schon gelbes Laub,
ein blaues Auto fährt vorbei und wieder Staub,

und lautes Klirren inmitten der Fanfaren.
Die Zweige lassen Blätter los, die Hügel waren

verschattet, als die Sonne sank, ein spröder Duft,
und Wind kam auf und eine Fuhre Luft,

im Dämmer sah man bis zum *Mont Ventoux,*
der glimmt kurz auf und macht die Augen zu.

Das Helle geht davon, die Mauern, Schatten:
alte Folianten, graue Schieferplatten,

die Sterne fackeln ab, Orchesterklang verweht,
auf weißen Gräbern eine Vase steht,

dort ragt die Felsennase aus dem Labyrinth
ins Nachtgewölk wie grünlicher Absinth.

Die Augenblicke lassen sich nicht halten,
die Wolken sind archaische Gestalten.

Die Häuser schlafen ein, die Galerie macht dicht,
der Abend träumt, die Stimmen gehn, ein Licht

knickt ein, das Meer träumt seine Mythen,
und graue Schnauzer unter schwarzen Hüten.

Das Mondlicht schwankt, es schimmern die Platanen,
Zypressen schwenken ihre schwarzen Fahnen.

pour Gislène et Joel Bertrand

Komplexität

Eine Kastanie pflanzen,
den Berg besteigen,
eine Nacht durchtanzen,
drei Tage schweigen.

Einen Grabstein setzen,
eine Hütte bauen,
den Dämon zerfetzen,
dem Wasser vertrauen.

Sich sterblich verlieben
und Kinder zeugen,
in einem Tempel
die Knie beugen.

Ein Feuer entfachen,
Theaterspielen –
sich scheckig lachen,
aufs Ganze zielen.

Die Freundschaft pflegen,
Gedichte schreiben,
sich schlafen legen,
am Leben bleiben.

für R und U

6/10 VERDOLIVA

Der Kopf in den Wolken

> *hic occultus occulto*
> *occisus est*

Kaspar, auf einem Grenzstein stehend,
im dreckigen Wams, den Hut in der Hand,
halblang das Haar im Winde wehend,
das Auge bleibt abgewandt.

Schaut wohl hinüber ins Tal,
auf den Wald, der schwarz ist und schweigt,
die Wolken, zerrissen und fahl,
wenn die Dämmerung steigt.

Die Stiefel sind viel zu groß,
mechst wern a vornehmer Reiter
wie dei Vadder auf hohem Ross,
hältst Ausschau nach einer Leiter.

Die Rückkehr der Jäger

Gesenkten Kopfes kommen sie nach Haus,
müde vom Stapfen im harschigen Schnee,
drunten der bläulich gefrorene See,
links geht das Feuer nicht aus.

Und jedem ist ein Vogel zugedacht,
sie wissen's nicht, der Blick ist selbst vereist,
die Häuser sinken tiefer, wie verwaist.
Was bringt das Fuchsfell morgen in Utrecht?

Die Hunde finden ihre Spur allein.
Wird nicht die letzte Jagd gewesen sein.

Citizen Kane

Es ist möglich, jetzt aber nicht!
Franz Kafka, Vor dem Gesetz

Als wären die Sterne Flocken,
die Milchstraße nächtlicher Schnee,
im Nachtwind wird Tinte trocken,
wenn ich zum Himmel seh.

Jener Vertrag mit dem Leben,
unterschrieben mit Schnee,
die Schneekugel aufzuheben,
damit ich rückwärts geh.

Auf dem Kopf steht der Schlitten
und liegt zugleich in der Hand,
die Schimmel kommen geritten
und führen ins Wunderland.

Das Losungswort aus der Kindheit,
geflüstert mit letzter Kraft,
der Schmerz bedeutet die Blindheit,
die alles Bewusstsein schafft.

1/10 VERDOLIVA

Die Fische von Osaka

(27. Oktober 1970)

Um die künstliche Insel aus Stahl und Beton,
die man in Osakas Hafenbecken gesenkt hatte
(denn der Platz auf dem Festland war knapp
in der Stadt der achthundert Brücken, und dann
landeten Flugzeuge, wo Tümmler sprangen),
versammelten sich dort in der Tiefe die Fische,
und ihre Krisensitzung ergab, jetzt erst recht
nicht zu weichen, sondern die klüftigen Räume,
Trichter und Winkel zu nutzen für Rendezvous,
für Zählappelle, Familienfeste und Konferenzen.
Unverzüglich begannen sie, sich zu vermehren.

Goldberg-Variation
(12. Januar 1955)

Achtundachtzig Tasten, das ist für zehn Finger
zuviel, daher die manische Schwarzweiß-Raserei
seit Scarlatti, seit Liszt und Rachmaninow, bis
Gould kam und die Treppen zerlegte, Tempi brach
und sie wie Späne splittern ließ: Opium fürs Ohr;
er hing überm Tastenfeld wie überm Horizont und
was er spielte, war Meermusik, ein Gewaltakt, aber
für Bach war es Fronarbeit, lästiger Brotauftrag
eines gelangweilten Kaufmanns mit Schlafstörungen,
irre geworden an der Zählung unserer Gestirne:
Erst viel später fand man heraus: es sind 88.

für Wolfgang Schlüter

Leibniz entziffert sterbend die Sprache der Engel
(14. November 1716)

Der Leibarzt stürzte ins Zimmer, weil er
ein seltsames Knistern vernahm. Der gichtkranke Alte,
dessen Finger nicht mehr zu schreiben vermochten,
verbrannte über der Kerze Papier. Beim Versuch,
Gott hinter die Stirne zu schauen, hatten ihm
Engel dazwischengefunkt mit schrillem Geflüster.
Sie musste er überlisten, Rätsel in zählbarer Welt.
Er hatte den Anfang übersetzt aus einer Sprache,
die es nicht gibt, die uns lachend verschlingt.
Leibniz lächelte matt, sein Auge legte sich schlafen.
Dann zog die Seele ihre errechnete Bahn.

für Lotte Reinhardt

Die Asche des Mount Pinatubo

(2. Juli 1991)

Als es dunkel wurde, waren die Menschen
verwundert; noch im Tiefschlaf, jahrhunderte-
alt, entschloss sich der Berg zum Erwachen.
Sein Albtraum war giftig: glühende Steine,
kochende Lava und höllengesättigte Dämpfe
waren die Ernte unguter Ruhe; noch in Manila
versanken die Autos unter Teppichen Staub.
In großer Höhe flog über Köln, Wochen später,
eine riesige schwarze, zäh wandernde Wolke.
Die Asche des Pinatubo irrte über den Himmel,
untot, heimatlos, kalt. Und es regnete Urnen.

Hillary steht auf dem Dach der Welt

(29. Mai 1953)

Als sie oben sind, vergisst Hillary, sich foto-
grafieren zu lassen; so gibt es nur jenes berühmte
Foto von Tenzing Norgay mit Maske (er sieht aus
wie ein Tiefseetaucher, wie *Jedermanns* Tod!)
Sie umarmen sich, bringen ein Opfer im Schnee:
Kekse, Bonbons, Schokolade, stelln eine Kerze auf,
essen Pfefferminzkuchen, fünfzehn Minuten ... genug.
Im Basislager ruft er *we knocked the bastard out!*
Sonst ist er sanft wie ein Imker, liebt seine Sherpas, war
dem Himmel so nah wie niemand *because it's there.*
Das blaue Licht verblasst, das weiße Licht bleibt.
Seine Asche gehört den Wellen vor Aucklands Küste.

Ein leergeschriebenes Blatt

Ein leergeschriebenes Blatt, aus dem Buch-
stab um Buchstab herausfiel, einem Mann
in die Hand, die zu Boden sank, und jetzt
diesen Mann nachzog und auch das Haus,
jenes Haus in der Luft und den Garten dazu
und den Zaun und das Vieh samt dem Stall
und das Land in dem Meer mit dem Schiff,
das drauf fuhr zu einer Insel aus Rauch
mit einer Frau aus Fleisch und aus Blut,
die ein Blatt nahm vom Baum aus dem Rauch,
und sie legt's auf den Tisch zu dem Mann,
der jetzt steht und sie gibt ihm den Rauch,
diesen Rauch in die Hand und sie führt ihm
die Asche zum Mund und sagt ihm: Mach Feuer!

1/10 VERONICA

Anmerkungen

10 *Unvorhersingbar: »Wie wenn am Feiertage, das Feld zu sehn ...«*: So beginnt Hölderlins große Hymne (1799/1800), deren brüchiger Schluss später den Keim zu »Hälfte des Lebens« bilden wird.

14 *Die Sorge geht über den Fluss:* Siehe: Hans Blumenberg (1920–1996): *»Die Sorge geht über den Fluss«*: Zugleich Titel der Aufsatzsammlung des großen Philosophen und Schriftstellers.

34 *räume.:* Ludwig Hohl (1904–1980), Schweizer Schriftsteller und Philosoph.

48 *Angelus Novus:* Zeichnung von Paul Klee aus dem Jahr 1920 (Tusche und Ölkreide auf bräunlichem Papier), phasenweise im Besitz Walter Benjamins, seit 1989 im Israel-Museum in Jerusalem; siehe: Walter Benjamin: »Über den Begriff der Geschichte«.

55 *Tiefsee: »homo abyssus«* = der abgründige Mensch, siehe: »Homo abyssus. Das Wagnis der Seinsfrage« ist die Habilitationsschrift des deutschen Philosophen Ferdinand Ulrich (geb. 1931).

59 *Auguren:* lat. *augere* = wachsen lassen, vermehren. »Auguren« waren im Alten Rom Priester und Berater der Mächtigen, berufen zur Auslegung »göttlicher Zeichen« und Vorhersage der Zukunft.

63 *Lupinen:* Das Gedicht ist eine »Kontrafaktur« und bezieht sich auf Ingeborg Bachmanns (1926–1973) Gedicht »Die gestundete Zeit« aus dem gleichnamigen Band, erschienen 1957.

68 *Der Kopf in den Wolken:* Am Ort des Mordanschlags auf das »Kind Europas« Kaspar Hauser (1812–1833) im Ansbacher Hofgarten steht ein Gedenkstein mit der Inschrift HIC OCCULTUS OCCULTO OCCISUS EST XIV. DEC. MDCCCXXXIII« = »Hier wurde ein Geheimnisvoller auf geheimnisvolle Weise getötet 14. Dezember 1833«.

69 *Die Rückkehr der Jäger:* Pieter Bruegel d.Ä. (1525/30–1569) hat das Gemälde »Heimkehr/Rückkehr der Jäger« im Jahr 1565 gemalt.

70 *Citizen Kane:* Der berühmteste Film des Regisseurs und Schauspielers Orson Welles (1915–1985). Am Ende des Films werden Kanes wertlos gewordene Besitztümer verbrannt, auch der Schlitten aus seiner Kindheit mit dem eingravierten Schlüsselwort »*rosebud*« = Rosenknospe.

73 *Die Fische von Osaka:* Der vom italienischen Stararchitekten Renzo Piano geplante Flughafen *Kansai* wurde mitten in eine natürliche Hafenbucht gebaut. Für die Landebahnen wurde das 75-fache Volumen der Cheops-Pyramide an Sand aufgeschüttet. Der 27. Oktober 1970 war der offizielle Baubeginn.

74 *Goldberg-Variation:* Nimmt Bezug auf die erste Studioaufnahme der »Goldberg-Variationen« von J.S. Bach durch den kanadischen Pianisten Glenn Gould (1932–1982) am 12. Januar 1955.

75 *Leibniz entziffert sterbend die Sprache der Engel:* Auf seinem Totenbett kritzelte der Universalgelehrte Gottfried Wilhelm Leibniz (1646–1716) einige Zeichen, die er selbst nicht mehr zu lesen vermochte, sagte zu seinem Sekretär Eckhard »Auch andere müssen sterben«, zog sich seine Nachtmütze über die Ohren und verschied (Quelle: E. Colerus, 1934).

76 *Die Asche des Mount Pinatubo:* Am 02. Juli 1991 erschienen in mehreren deutschen Tageszeitungen Nachrichten zu den Aschewolken über Europa und der nördlichen Hemisphäre, deren Ursprung im Ausbruch des philippinischen Vulkans Mount Pinatubo Mitte Juni d.J. gesehen wurde.

77 *Hillary steht auf dem Dach der Welt:* Am 29. Mai 1953 erreichten der neuseeländische Bergsteiger Edmund Hillary (1919–2008) und sein nepalesischer Sherpa Tenzing Norgay als erste Menschen den Gipfel des Mount Everest. Die Zitate gelten als authentisch.

Inhalt

Lupinen

Wernfried Hübschmann, geboren 1958 in Regensburg, ist Lyriker, Essayist, Sachbuchautor, Rezitator und Kommunikationsberater. Studium der Germanistik, Geschichte, Philosophie, Sprechwissenschaft und Sprecherziehung; zahlreiche Veröffentlichungen von Gedichten, Prosa und Essays in Zeitschriften, Zeitungen und Anthologien. 2013 erschien in der edition promenade der Gedichtband *Nachrichten aus dem Inneren der Stimme,* erhältlich auch als Hörbuch. Aktuelles: www.wernfriedhuebschmann.com

Baptiste Verdoliva, ist Absolvent der Kunsthochschule Metz und hat sich neben Malerei und Installation besonders der Kunst der Radierung verschrieben. Ihn reizen die Gegensätze, die grobe Bearbeitung der feinen Metalloberfläche, die Anordnung von Hell und Dunkel, das Spiel von Fläche zu Linie. Die Leere ist ihm dabei mindestens ebenso wichtig wie der Linienzug. Baptiste Verdoliva lebt und arbeitet im französischen Metz und ist Mitbegründer des Laboratoire d'Expression Elastique. Aktuelles: www.le-lee.com

Alle Rechte vorbehalten
© 2014 Verlag edition promenade
Hornschuchpromenade 17, D-90762 Fürth
www.edition-promenade.com
Umschlagfoto: Julia Carlotta Fritsche
Radierungen: Baptiste Verdoliva
Grafisches Konzept, Satz: Armin Stingl
Herstellung: www.bod.de
Printed in Germany
Erstausgabe
ISBN 978-3-944897-06-6

Band 1 der Trilogie:
Nachrichten aus dem Inneren der Stimme
(erhältlich auch als Hörbuch)
ISBN 978-3-944897-00-4

Arbeiten von Baptiste Verdoliva
Alle Arbeiten ohne Titel
Technik:
Aquatinta, S. 23, 31, 41, 45, 53, 71
Aquatinta und Kaltnadel, S. 11, 27, 79
Aquatinta und Stichel, S. 15, 49, 57, 67
Aquatinta mit Zucker, S. 37
Carborundum, S. 19

edition promenade